- En cadeau -

LA VERSION AUDIO DU LIVRE

COMMENT ÇA MARCHE ?

1

Téléchargez l'app
Quelle Histoire

2

Déverrouillez
votre livre

3

Écoutez
votre histoire

Disponible sur App Store

DISPONIBLE SUR Google Play

Application compatible toutes tablettes et smartphones
à partir de iOS 8 et Android 4.4.

- Collection -
THÉMATIQUES

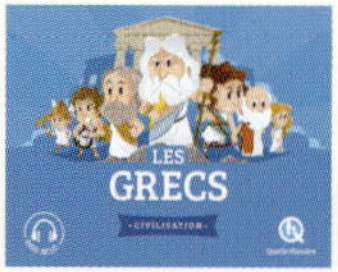

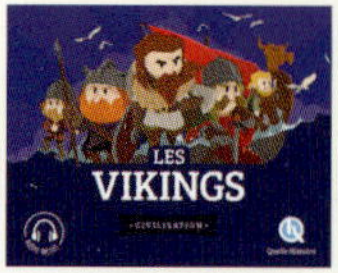

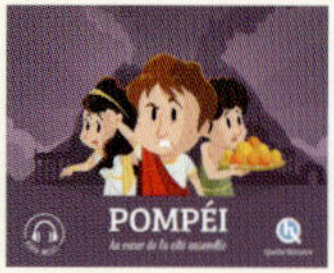

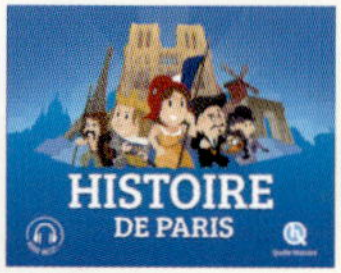

Découvrez notre collection sur

www.quellehistoire.com

- Collection -
PERSONNAGES

Découvrez notre collection sur
www.quellehistoire.com

Quelle Histoire

Édition et conception : Unique Heritage Editions SAS. 141, boulevard Ney 75018 Paris
Illustrations : Bruno Wennagel, Mathieu Ferret, Nuno Alves Rodrigues, Mathilde Tuffin, Guillaume Biasse, Marianne Tesseraud, Lisheng Wang
Textes : Julie Gouaze, Mona Dolets
Édition : Donovan Villemonteil
Direction artistique : Kagna Toung
Maquette : Floriane Candelon

Siège social : 141, boulevard Ney 75018 Paris

www.quellehistoire.com

Fabriqué par Labelfab / Imprimé en France par Stin Imprimerie - Toulouse

Dépôt légal novembre 2022

Loi n°49-956 du 16 juillet 1949 sur les publications destinées à la jeunesse

PEFC 10-31-2841

FABRIQUÉ EN FRANCE

L'ÉQUIPE DE FRANCE

En route vers la victoire

Premier match, premiers buts !

L'équipe de France naît le 1er mai 1904 et, le jour même, elle joue son premier match. Les joueurs partent en train affronter la Belgique ! Le coup d'envoi est sifflé à 16 h 45 devant seulement 1 500 spectateurs. Louis Mesnier, *alias* « Didi », marque le premier but de l'histoire de l'équipe de France. Mais chut, personne ne doit savoir qu'il est là, car son patron ne lui a pas donné l'autorisation de participer au match... Il joue incognito ! Heureusement, les journaux de l'époque ont à peine parlé de cette première rencontre, qui s'est terminée sur un match nul et qui est aussi le début d'une longue histoire...

1904

Des premiers pas chaotiques

Après une première victoire face à la Suisse en 1905, les catastrophes s'enchaînent... Aux JO de 1908, la France perd 17-1 contre le Danemark, et les joueurs déclarent même forfait pour l'édition de 1912. Deux ans plus tard, la guerre éclate et interrompt les activités de l'équipe de France, qui perd au front dix-sept de ses internationaux. La paix revenue, le jeu peut reprendre... La Fédération française de football est créée le 7 avril 1919. C'est Jules Rimet qui en prend la tête et qui va organiser les compétitions nationales. Désormais, on sélectionne les meilleurs joueurs du pays pour jouer en équipe de France, c'est une grande nouveauté !

Les débuts en Coupe du monde

Jules Rimet va aussi inventer la Coupe du monde, dont la première édition a lieu en 1930, en Uruguay. Les joueurs français, invités à participer, embarquent sur le paquebot *Conte Verde* pour traverser l'Atlantique. Tu sais, comme ils sont encore amateurs, ils doivent s'absenter de leur travail pendant deux mois ! Arrivés à destination, ils découvrent qu'en Amérique latine le football est très populaire. Lucien Laurent marque le tout premier but de l'histoire de la compétition devant près de 5 000 spectateurs ! La France participe à deux autres Coupes du monde avant que la guerre n'éclate à nouveau...

Le record de Just Fontaine

Après la guerre, il faut attendre la Coupe du monde organisée en Suède en 1958 pour que l'équipe de France fasse à nouveau parler d'elle. Le 24 juin, les joueurs affrontent l'équipe du Brésil du jeune Pelé en demi-finale. La France perd et termine à la troisième place, mais une légende est née : Just Fontaine. Auteur de treize buts en une seule Coupe du monde, il détient encore aujourd'hui le record ! Malheureusement, « Justo » se brise la jambe peu de temps après et doit mettre un terme à sa carrière. S'ouvre alors une période de creux pour l'équipe de France, qui va durer vingt ans...

1958

Une génération d'exception

Enfin, l'équipe de France revient sur le devant de la scène, grâce à Michel Platini, l'un des plus grands joueurs français de tous les temps ! Avec Alain Giresse et Jean Tigana, ils enchaînent les grands matchs. Au milieu, le « carré magique » qu'ils forment avec Bernard Genghini, puis Luis Fernandez, fait des prouesses. L'équipe remporte l'Euro 1984, qui se déroule en France. Michel Platini y inscrit neuf buts à lui seul ! Il apporte ainsi la première victoire à l'équipe de France dans une compétition internationale. Malgré tout, les Bleus perdent en demi-finale de la Coupe du monde contre l'Allemagne en 1982 et 1986.

1978 - 1986

Le calme après la tempête

Mais, bientôt, les grands joueurs internationaux prennent leur retraite les uns après les autres, laissant l'équipe sans véritable leader. Michel Platini, qui est devenu sélectionneur, doit alors construire une équipe défensive. Mais elle ne brille pas pendant les matchs, ce qui est très frustrant pour ce grand joueur ! Même Éric Cantona et Jean-Pierre Papin, les stars de l'équipe, ne peuvent rien faire. Platini démissionne de son poste, le 2 juillet 1992. Deux ans plus tard, la France ne se qualifie même pas pour la Coupe du monde. Tu t'en doutes, ce sont des années bien tristes pour les Bleus...

1986 - 1994

1 et 2 et 3 zéro !

Heureusement, la chance va tourner... En 1998, le sélectionneur Aimé Jacquet, alors critiqué dans les médias, dirige l'équipe lors de la Coupe du monde qui se déroule en France. Menés par le capitaine Didier Deschamps, les Bleus arrivent en finale et affrontent le Brésil. Zinédine Zidane inscrit les deux premiers buts de la tête. Emmanuel Petit marque en toute fin de match le 1000e but de l'histoire des Bleus, qui décrochent ainsi leur première étoile. Les Français font la fête en chantant « 1 et 2 et 3 zéro ! » Les Champs-Élysées sont pris d'assaut et les joueurs deviennent des héros nationaux !

---

12 juillet 1998

11
3
10
8

Le fiasco en Afrique du Sud

Après avoir gagné l'Euro 2000 et joué la finale de la Coupe du monde en 2006, l'équipe de France laisse place à une nouvelle génération de joueurs. Ceux-ci critiquent le sélectionneur, Raymond Domenech, l'accusant de diviser pour mieux régner. Un jour, pour protester, ils décident de faire grève et ne descendent pas du bus pour l'entraînement. Le monde entier a les yeux tournés vers eux. Finalement, les Bleus perdent contre l'Afrique du Sud et sont éliminés de la Coupe du monde 2010. L'équipe de France a désormais une très mauvaise image et le pays n'a plus du tout envie de la soutenir…

2010

FRANCE

Le sauveur Didier Deschamps

Didier Deschamps, champion du monde en 1998, reprend les rênes de la sélection en 2012. Il a deux défis à relever : reconstituer une équipe solide et redorer l'image des Bleus. Après un long travail, l'équipe de France arrive en finale de la Coupe du monde 2018. Si le premier but est marqué contre son camp par un joueur croate, Antoine Griezmann, Paul Pogba et Kylian Mbappé envoient le ballon dans le filet... Les supporters sont déchaînés ! Les Bleus sont à nouveau champions du monde et accrochent une deuxième étoile à leur maillot ! Comme en 1998, une foule en délire les attend, massée sur les Champs-Élysées.

Le football au féminin, de l'ombre à la lumière

Comme tu le sais, il n'y a pas que les hommes qui jouent au football. Les femmes aussi pratiquent ce sport depuis la fin du XIXe siècle en Angleterre. Mais elles le font dans l'ombre, car elles sont critiquées. Peu à peu, les choses changent... En France, les joueuses de l'équipe nationale vont de plus en plus loin dans les compétitions. En 2019, pour la huitième édition de la Coupe du monde, elles perdent face à la meilleure équipe : les États-Unis. Les matchs ont été retransmis à la télévision et tout le pays a supporté l'équipe menée par la capitaine Amandine Henry.

La France est vraiment un pays de football !

2019

1900

1904
Naissance officielle de l'équipe de France, le 1er mai.

1905
L'équipe de France remporte son premier match, contre la Suisse, le 12 février.

1919
Création de la Fédération française de football, le 7 avril.

1930
Première Coupe du monde en Uruguay.

1958
Just Fontaine inscrit treize buts pendant la Coupe du monde.

1982
Défaite en demi-finale de la Coupe du monde contre l'Allemagne, le 8 juillet.

1984
La France remporte l'Euro, sa 1re victoire dans une compétition internationale, le 27 juin.

1984
Victoire aux JO face au Brésil (2-0), le 11 août.

1986
La France arrive à la troisième place de la Coupe du monde, le 25 juin.

1994
Aimé Jacquet devient sélectionneur de l'équipe de France.

1998
Les Bleus champions du monde, le 12 juillet.

2000
L'équipe de France remporte l'Euro 2000 face à l'Italie.

2010
Grève des joueurs de l'équipe de France, le 20 juin.

2012
Didier Deschamps devient à son tour sélectionneur, le 8 juillet.

2018
Les Bleus champions du monde pour la deuxième fois, le 15 juillet.

2019
Les Bleues perdent en quarts de finale contre l'équipe américaine, le 28 juin.

2020

Des lieux clés de l'histoire de l'équipe de France

Légende de LA CARTE

1 Stade de France (France)

Situé près de Paris, le Stade de France peut accueillir plus de 80 000 personnes. Bâti pour la Coupe du monde 1998, il est utilisé pour des concerts et des compétitions internationales.

2 Clairefontaine (France)

Le grand « temple du football français » est inauguré en 1988 en présence du président François Mitterrand. C'est un centre d'entraînement qui accueille les joueurs de toutes les équipes de France.

3 Parc des Princes (France)

Cet immense stade, situé au cœur du 16e arrondissement de Paris, entre la tour Eiffel et le bois de Boulogne, accueille les rencontres du PSG. Les Bleus y ont remporté l'Euro en 1984.

4 Stade Loujniki (Russie)

Situé à Moscou et inauguré en 1956, ce stade accueille jusqu'à 81 000 spectateurs. En juillet 2018, les Bleus y ont battu la Croatie, devenant champions du monde pour la deuxième fois.

5 Stade R. Sánchez-Pizjuán (Espagne)

La demi-finale de la Coupe du monde 1982 (Allemagne-France) a eu lieu dans ce stade de Séville. L'Allemand Schumacher a blessé le Français Battiston, mais la faute n'a pas été sifflée.

6 FFF (France)

Le siège de la Fédération française de football est installé à Paris. En 2019, la FFF a fêté son centenaire et, pour l'occasion, la façade et le hall d'entrée du bâtiment ont été entièrement rénovés.

Jules Rimet

(1873-1956)

Son nom est bien connu des spécialistes de football, car il a inventé et créé la Coupe du monde ! Pour la toute première édition, qui a lieu en Uruguay en 1930, il embarque avec tous ses joueurs sur le paquebot *Conte Verde*.

Just Fontaine

(1933)

Il a commencé à jouer au Maroc avant de rejoindre la France. Ce grand buteur se distingue particulièrement en 1958 en inscrivant treize buts à lui tout seul lors de la Coupe du monde. En 1960, il se fracture la jambe et interrompt sa carrière.

Michel Platini

(1955)

Surnommé « Le Roi », il est considéré comme l'un des meilleurs joueurs de l'histoire du football. Buteur et meneur de jeu d'exception, c'est avec lui que l'équipe de France a remporté le Championnat d'Europe en 1984.

Didier Deschamps

(1968)

Repéré par Michel Platini, il commence sa carrière chez les Bleus en 1989. Le capitaine de l'équipe de France de 1998 est le seul joueur français à avoir gagné la Coupe du monde en tant que joueur et en tant que sélectionneur.

Marinette Pichon

(1975)

Cette pionnière du football féminin en France rejoint les Bleues en 1994. Elle est l'une des meilleures buteuses de l'équipe de France, filles et garçons confondus : 81 buts en 112 sélections. Après une carrière bien remplie, elle prend sa retraite en 2007.

Zinédine Zidane

(1972)

« Zizou », comme on le surnomme, a porté 108 fois le maillot de l'équipe de France ! Lors de la finale de la Coupe du monde 1998, il illumine le match avec ses deux buts de la tête. Il a été élu six fois personnalité préférée des Français.

Kylian Mbappé

(1998)

À tout juste 19 ans, il est le plus jeune joueur français à avoir marqué un but pendant une finale de la Coupe du monde, et le deuxième de l'histoire derrière Pelé ! Connu pour sa rapidité, Kylian Mbappé a déjà gagné de nombreux titres.

Amandine Henry

(1989)

Quand elle commence à jouer au foot, il n'y a pas d'équipe féminine dans son club, alors elle joue avec les garçons. Celle qui deviendra la capitaine des Bleues intègre le Centre de Clairefontaine à 15 ans et découvre le jeu avec des filles.

Le jeu des

7 ERREURS

Trouve les 7 différences entre l'image de gauche et l'image de droite.

Solution : le ballon, la moustache, le sourire, la couleur des cheveux, les cordes, les oiseaux, la coque du bateau.

Le jeu du **LABYRINTHE**

Aide Kylian Mbappé à trouver le chemin de son ballon.

Solution : le bon chemin est le numéro 4.

Le jeu des
OMBRES

Retrouve la bonne ombre de Zinédine Zidane.

Bonne réponse : l'ombre c.

Le jeu du

QUIZ

1. Qui inscrit le premier but de l'histoire de l'équipe de France ?

a. Jules Rimet
b. Michel Platini
c. Zinédine Zidane
d. Louis Mesnier

2. Lors de la Coupe du monde 1958, Just Fontaine marque…

a. 2 buts
b. 9 buts
c. 13 buts
d. 20 buts

3. Quel est le surnom du milieu français dans les années 1980 ?

a. Le « carré magique »
b. Le « triangle magique »
c. Le « rond magique »
d. Le « losange magique »

Bonnes réponses : 1.d / 2.c / 3.a.

- Collection -
BEAUX-LIVRES

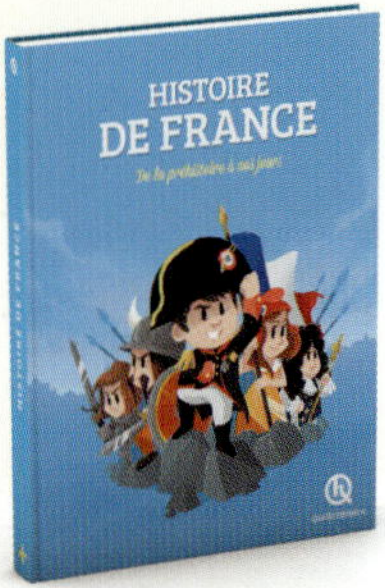

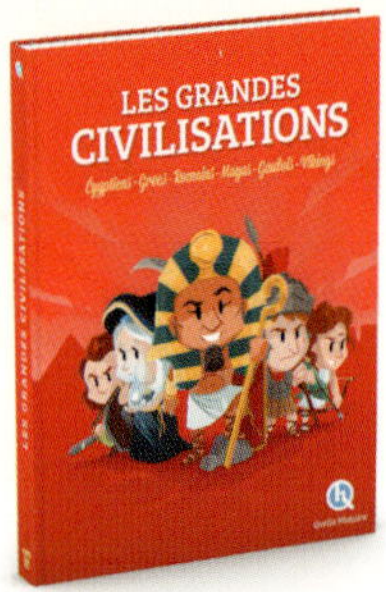

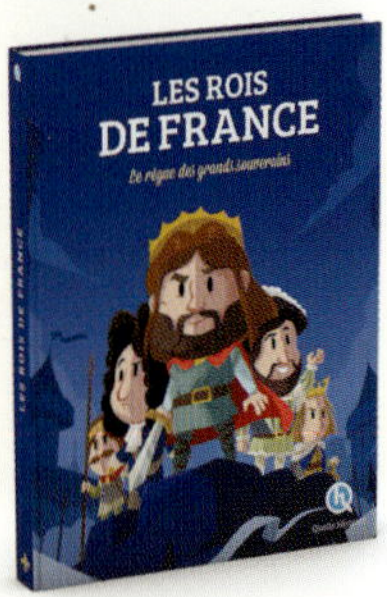

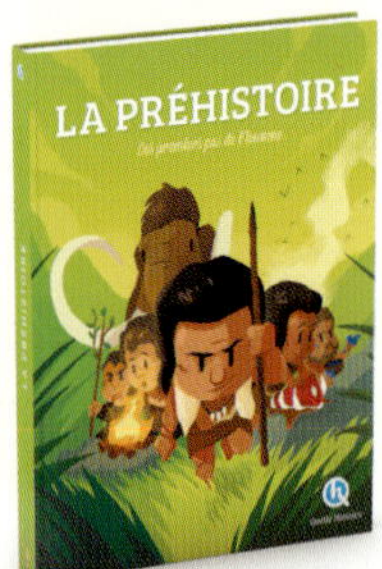

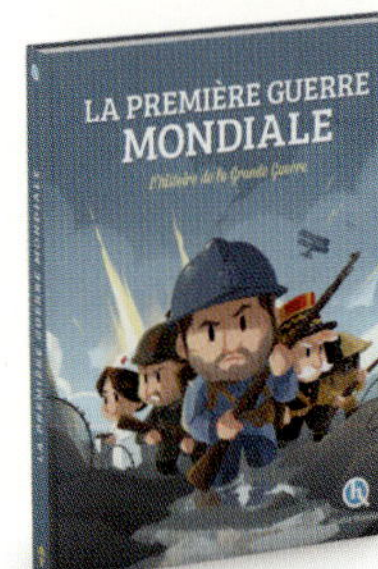

Découvrez notre collection sur

www.quellehistoire.com